7
Lk 1001.

BIARRITZ

CONTES, LÉGENDES ET RÉCITS

PAR

LOUIS COLLIN

improvisateur.

BORDEAUX

CHEZ LES PRINCIPAUX LIBRAIRES.

1856

BORDEAUX. — IMP. G. GOUNOUILHOU.

A ma bonne MARIE !

A mon excellent ami O...

                    Louis **COLLIN.**

I

LA CHAMBRE D'AMOUR.

— « L'air est imprégné des douces
» senteurs du soir... le ciel est bleu et
» tout parsemé de vers-luisants, la mer
» se joue capricieusement sur les roches
» de Biarritz, et le phare projette au loin
» sa clarté protectrice et phosphorescen-
» te... le temps est magnifique et la lune
» sourit à la nature qui a mis ses plus
» beaux habits, ceux dont elle se pare
» au printemps.

— » O mon adorée !... les grandes
» voix de la création sont plus harmo-
» nieuses et plus suaves alors que tu es là
» pour m'en expliquer les mystérieux con-
» certs !... — Sans toi, vois-tu, cet air
» me pèserait lourdement, car il ne se-

» rait pas parfumé de ton haleine; ces
» étoiles, myriades de feux célestes, n'é-
» claireraient pas ton pâle et doux visage,
» et ne jetteraient aucune poésie sur mon
» avenir.... La mer, la mer elle-même ne
» me parlerait que de mon néant... Mais
» depuis que tu m'as murmuré d'eni-
» vrantes paroles, oh! alors!... les étoi-
» les, le ciel et la mer m'ont révélé la
» bonté de Dieu, de ce Dieu qui n'a pas
» condamné ma vie à l'isolement, puisqu'il
» m'a donné le plus gracieux de ses an-
» ges!... »

. . . .
. . . .

Ainsi parlaient deux enfants qui croyaient au bonheur et qui épuisaient la coupe des songes dorés — les fous qu'ils étaient! — sans penser que le réveil peut tout détruire et nous laisser plus malheureux que jamais.

Mais ils avaient vingt ans, et ils prenaient à pleines mains tous les diamants de ce trésor qu'ils croyaient inépuisable; et puis, on ne doit pas, on ne peut pas mourir quand on a vingt ans !...

— « Entendez-vous ? la mer monte, le ciel descend !..... regagnez la plage, pauvres amis, car, plus tard... dans une heure peut-être..... »

Eux se sont endormis tranquilles et souriants dans les bras l'un de l'autre.

Le creux d'un rocher leur sert de retraite, l'Océan sert d'écho à leurs paroles d'amour.

— « Prenez garde à cette vague !... elle est menaçante et pourrait vous engloutir, imprudents !... »

Eux ne voient rien — n'entendent rien... — Ils sommeillent, ils rêvent, et la lame les emporte dans le sein de la mer, qui n'a pas encore rendu leurs cadavres.

On dit que chaque soir on voit leurs âmes errer sous la forme de feux-follets, et depuis, la grotte dans laquelle s'est passé le drame qu'on vient de lire, s'appelle la *Chambre d'Amour*.

II

LA COTE DU MOULIN.

— « Vous voyez bien d'ici un moulin
» dont les ailes tournent parfois avec ra-
» pidité, et dont le joyeux tic-tac se mêle
» souvent aux chansons de l'Océan?
— » Oui. mon brave !
— » Eh bien! si vous le voulez, bour-
» rons nos pipes, asseyons-nous sous ma
» tente, et je vais vous raconter une his-
» toire.
— » Oh! oh !... Père Honoré..... » Et
mon baigneur me parla ainsi :
« Il y a bien longtemps, bien longtemps,
» ce moulin était habité par un autre
» Sans Souci. On dit que jamais rossignol
» ne gazouillait plus gaiement que maitre
» Jean, alors que pour s'accompagner il

» avait, d'une part, le bruit de la mer, et
» de l'autre, celui de ses meules broyant
» le blé qui se convertissait en fine farine...
» La farine donnait du pain, et le pain du
» bon Dieu donnait la vie à tout le monde.

» C'était charmant, et grâce à cela, Jean
» voyait s'enfler sa poche de cuir qui cra-
» quait sous le poids des écus de six li-
» vres. — Jean était jeune ; il devenait
» riche à chaque instant, et avec ça on
» peut bien se marier, les occasions ne
» manquent jamais.

» Or, bref, fin finale et pour en finir,
» il y avait à Biarritz une belle enfant
» qu'on appelait Marie. — Elle convenait
» à Jean, Jean lui convenait, et le ma-
» riage tout bâclé fut arrêté à huit jours
» d'intervalle. — Ah ! c'est que nous fai-
» sons rondement la besogne dans ce
» pays-ci !!...

» Jean tout joyeux but ce soir-là trois
» *tasses* de vin de plus qu'à l'ordinaire, et
» s'achemina vers son logis la tête remplie
» de corbeilles de noces.

» Il se coucha comme vous et moi, et
» ronfla en rêvant de tout ce que vous
» voudrez.

» A deux heures du matin, Jean, qui
» ne négligeait jamais sa besogne, pense
qu'il y a trois gros sacs de blé qui ré-
» clament son ministère. Il saute du lit et
se dispose à travailler... Mais quel est
son étonnement?... les ailes du moulin
» s'agitent en cadence!... Pourtant, Jean
» est bien seul, il n'a pas la berlue.....
» D'où cela peut-il donc venir?

» Pendant qu'il en cherchait la cause,
» il sent qu'on lui frappe familièrement
» sur l'épaule, se retourne, et aperçoit
» qui?... le diable en chair et en os!!.....
» C'était bien lui!... — les pieds crochus,
» le front à cornes, le dos velu, les yeux
» étincelants, la lèvre muqueuse et la
» fourche en guise de bambou..... c'était
» Lucifer!!!...

» Jean n'avait plus une goutte de sang
» dans les veines.

» Ce fut bien pis encore, quand Satan,

» d'une voix étrange, lui dit ces paroles
» qui résonnèrent comme le bruit aigu
» d'un tam-tam hors de service :

« Meunier, mon ami, les chaudières de
» l'enfer sont pleines, et j'ai disposé de
» ton moulin et de tes meules pour tortu-
» rer les âmes que je ne puis faire rôtir
» quant à présent... — Tu n'y perdras
» rien, et je te lègue chaque soir un sac
» de mille écus si tu veux me signer ce
» papier : — C'est un acte par lequel tu
» me cèdes ton domicile pendant un an et
» un jour, de minuit à trois heures.

» Le pauvre Jean se recommanda d'a-
» bord à tous les saints du calendrier;
» mais peu à peu sa crainte s'envola quand
» il entendit parler d'argent.

» De l'argent!... c'était son bonheur et
» celui de Marie!... Il prit la plume et
» signa.

» En ce moment, on sentit une forte
» odeur de souffre, la terre trembla, et le
» diable disparut en laissant sur le sol la
» trace de son horrible griffe.

» Quant au meunier, le lendemain, il
» avait perdu la raison, et trois jours
» après, la mer lui donnait un tombeau.

» L'endroit où nous sommes s'appelait
» d'abord la *Côte du Moulin;* depuis que
» Jean est mort, c'est la *Côte des Fous.*
— » Donnez-lui ces deux noms-là et allons
» nous baigner, car le temps est magni-
» fique.

III

LA CROIX DE L'ATALAYE.

Pourquoi voit-on une croix à l'Atalaye?... — Toutes les chroniques de Biarritz se sont tues sur l'origine du monument pieux, et j'allais être forcé de faire comme les chroniques, lorsque le hasard, ce Dieu de toutes les comédies, s'est amusé à placer sur mon chemin une bonne vieille mère qui, tout en recousant un filet, m'a conté ce qui suit :

« J'étais toute petite alors, Monsieur,
» et vous n'étiez pas encore au monde,
» bien sûr !...

» Un soir, pendant que nous soupions,
» le ciel d'abord calme, s'obscurcit tout à
» coup, et le tonnerre se fit entendre me
» naçant et terrible comme la voix de l'é-

» ternité. — J'eus peur, moi, et je n'eus
» rien de plus pressé que de murmurer
» mon oraison à sainte Barbe.

» Pendant que je disais mes patenôtres,
» en tremblant comme la feuille, mon
» père et ma mère quittèrent précipitam-
» ment la maison.

» Une heure se passa, puis une autre
» heure, puis une autre encore, et mes
» parents ne revenaient pas..... Inquiète,
» chagrine, je me couchai, et comme,
» quand on est jeune, on cède facilement
» au sommeil, je ne tardai pas à m'en-
» dormir. »

« Quand le jour remplaça les ombres
» de la nuit, et lorsque j'ouvris les yeux,
» il y avait beaucoup de monde chez moi,
» et je vis ma pauvre mère qui pleurait
» entourée de ses voisines..... Je pleurai
» comme elle sans savoir pourquoi, et je
» demandai mon père !... Alors, une fem-
» me qui se trouvait là me répondit ces
» mots, qui ont retenti dans mon cœur

» comme de grands coups de maillet :
» Chez le bon Dieu, mon enfant !... »
. . . .
. . . .

« J'ai su depuis ce qui s'était passé :
» Comme notre chaumière était située
» au bord de la mer, chaque fois qu'un
» orage sillonnait la nue, mon courageux
» père se rendait sur la plage, et, guet-
» teur attentif, il cherchait sur l'Océan les
» voiles grises... ou les navires sans
» mâts... ou les mâts sans navires... —
» Il avait déjà sauvé de la mort quatorze
» ou quinze infortunés, et dès qu'il y
» avait un sinistre, mon père était tou-
» jours la providence des malheureux.
» Or, ce soir-là, il devina de loin un
» bâtiment égaré et luttant à toutes voiles
» contre les vents en fureur.
» La mer était épouvantable, et nulle
» manœuvre, quelque hardie qu'elle fût,
» ne pouvait empêcher la destruction du
» pauvre brick qui se brisa presque sous
» les yeux de mon brave père !... — Lui,

» n'écoutant que son dévouement, se pré-
» cipita dans l'abîme pour arracher à la
» mort quelque créature du bon Dieu;
» mais vains efforts!... Mon père a péri
» sous l'onde, et personne n'a été sau-
» vé!!!... »

. . . .
. . . .

La vieille essuya ses larmes du coin de son gros tablier de serge, et termina ainsi :

« Comme nous étions très-aimés dans
» Biarritz, les marins du pays plantèrent
» une belle croix sur le bord de la mer
» pour se rappeler Pierre, le vieux pilote
» qui mourut victime de son courage.

» La croix a été bien des fois détruite et
» replacée depuis. Chaque année, j'en
» mets une neuve, et voilà, Monsieur, ce
» que c'est que la *Croix de l'Atalaye*.

» A présent, je suis bien, bien vieille,
» et je sens que je ne pourrai plus guère
» en planter désormais ici-bas; mais je
» m'en console, parce que je reverrai
» bientôt dans le ciel mes parents adorés! »

IV

LA ROCHE PERCÉE.

Tout près de l'Atalaye, si vous allez vous promener par là, vous verrez un rocher magnifique, quelque chose de gigantesque et d'imposant comme le colosse de Rhodes, comme une des pyramides d'Égypte. — C'est grand, c'est beau, et je suis sûr que vous ne regretterez pas d'avoir fait une excursion à la Roche percée.

Autrefois, c'était un énorme bloc de granit que battaient les flots de l'Océan, et sur lequel venaient se briser les barques de pêcheurs; mais il y a bien de cela dix siècles au moins, et ni vous ni moi ne l'avons vu.

Pourtant, un légendaire l'affirme, et

nous devons nous incliner devant sa parole sacro-sainte.

Donc, il y a mille ans, on entendait sortir du rocher d'étranges concerts. — Tantôt, c'étaient des voix fraîches et suaves qui chantaient un mystérieux cantique, tantôt c'étaient des vociférations, des imprécations, des blasphèmes terribles, des anathèmes à Dieu, des rires fous et convulsifs, des instruments jouant des danses profanes... On entendait comme le cliquetis de verres, et il semblait aussi que l'on respirait le chaud et enivrant poison de l'orgie qui devait se consommer dans cet antre impénétrable aux mortels, puisque nulle issue ne permettait d'en sonder la profondeur; mais on pensait bien que ce devait être une succursale de l'enfer, et personne n'osait plus passer près de cette roche dont on disait des choses si extraordinaires.

Des prières furent faites pour conjurer les malins esprits qui habitaient la pierre; mais les esprits en question n'en continuaient pas moins leurs rondes fantastiques et leurs sabbats nocturnes. — Grande désolation ! grande rumeur ! et, par suite, on prit un parti extrême, celui de percer le roc pour laisser échapper l'armée diabolique qui troublait le repos de tant de gens. C'était le conseil d'un grand astrologue, et il fut suivi.

On employa à ce travail des centaines d'ouvriers, qui reconnurent bientôt que ce roc était creux intérieurement, et que, ce qui avait semblé surnaturel jusque-là, n'était qu'un écho qui répétait tous les bruits faits à une certaine distance.

Les diables ne sont plus revenus à la roche percée ; mais (ce qui vaut mieux) on y trouve chaque soir de gracieux bouquets de dames, qui ajoutent un charme de plus à l'endroit dont je viens de parler.

V

LE PORT-VIEUX.

Quand le Port-Vieux était plus jeune, il prenait des ébats comme les insouciants enfants de nos jours, et ses belles lames, vives et coquettes, se ruaient gaîment sur les rocs de la grève, et retombaient dans l'Océan en vertes perles brillantes comme des diamants, et étincelant par milliers aux rayons d'un généreux soleil.

Côte du Moulin, rive du Basque, respect au Port-Vieux, dont vous n'êtes que les enfants!...

Respect à ce bon Port-Vieux qui, avant vous, a rendu la santé aux malades!... respect à ce vieillard que le dévouement a usé!...

Vous le savez bien, il avait des lames,

il avait des vagues... il a tout donné. — Respect au Port-Vieux, ce vétéran de la charité, car vous lui devez la vie et vous n'avez pas le droit de l'insulter, entendez-vous ?

Quelle belle vieillesse! quel calme!... Oh! certes, il a dû vivre sans reproches, le Port-Vieux!!...

Voyez comme il dort d'un sommeil paisible!... Ne le réveillez pas, et laissez-moi vous raconter un trait de générosité qui honore ce pauvre vieux port et qui en a fait mon ami intime :

Les fous seulement se baignaient jadis à la côte du Moulin, qui pleurait son martyre et bouillonnait de désespoir. Le Port-Vieux lui demande la cause de son chagrin, et, pour y mettre un terme, il lui promet de retenir ses vagues et de les céder à la côte malheureuse.

Le lendemain, les baigneurs étaient surpris de voir le Port-Vieux calme comme un lac... Ce fut de même plus tard, ce fut de même toujours.

Peu à peu on abandonna le Port-Vieux, et la côte du Moulin put vivre et grandir, mais au prix de quels sacrifices, mon Dieu !...

Le Port-Vieux ressemble à un marin en retraite tout chamarré de médailles de sauvetage.

VI

LA FONTAINE DE FROMITZ.

Mariquitta était fille unique d'un grand d'Espagne qui venait chaque année habiter Biarritz pendant la saison des bains.

La brune enfant de l'Andalousie était vive comme les rayons de son soleil, poétique comme son ciel d'azur, et belle comme tout ce qu'il y a de plus raphaëlesque au monde ; aussi était-elle l'espoir de son père, un joyeux vieillard qui ne vivait que pour Mariquitta et qui eût tout sacrifié pour elle. Il l'aimait tant !...

Un jour, le père et la fille erraient sur le bord de la mer, lui tout souriant, elle courant après les coquillages que la lame avait apportés sur la grève.

Arrivé devant le bassin qui s'appelle aujourd'hui la fontaine de Promitz, Mariquitta s'arrêta quelques instants pour regarder les gracieux poissons qui se jouaient dans l'onde. Il lui semblait facile de se les approprier, et déjà elle frappait la surface du bassin de son léger éventail, et allongeait le bras pour prendre ce qu'elle convoitait... Pour être plus grande encore, elle se lève sur la pointe des pieds; mais le poids de son corps l'entraîne dans le gouffre, au moment où le malheureux père accourait attiré par les cris de son enfant.

Le vieillard comprend tout, il n'a plus qu'une pensée, sauver les jours de Mariquitta, et voilà qu'il se précipite dans l'abîme et lutte avec le courant impétueux. Après quelques minutes d'une fatigue surhumaine, il va saisir un cadavre, c'est celui qu'il cherche!... Il tient sa fille dans ses bras... mais une lame les ensevelit tous deux!...

Ils sont morts! morts ensemble, ainsi qu'ils avaient vécu!!...

FIN.

www.ingramcontent.com/pod-product-compliance
Lightning Source LLC
LaVergne TN
LVHW020041090426
835510LV00039B/1357